Devocionário e Novena a
São Peregrino

*Protetor contra
o mal do câncer*

EDITORA
AVE-MARIA

© 2017 by Editora Ave-Maria. All rights reserved.
Rua Martim Francisco, 636 – 01226-002 – São Paulo, SP – Brasil
Tel.: (11) 3823-1060 • Televendas: 0800 7730 456
editorial@avemaria.com.br • comercial@avemaria.com.br
www.avemaria.com.br
ISBN: 978-85-276-1606-5
Capa: Rui Joazeiro
5ª reimpressão – 2024
Organizador: Equipe Editorial Ave-Maria
Todas as citações de trechos bíblicos foram retiradas da *Bíblia Sagrada Ave-Maria*, da Editora Ave-Maria. *Todos os direitos reservados.*

Dados Internacionais de Catalogação na Publicação (CIP)
Angélica Ilacqua CRB-8/7057

```
Devocionário e Novena a São Peregrino : protetor contra
o câncer / organizado pela Equipe Editorial Ave-Maria.
São Paulo: Editora Ave-Maria, 2017.
56 p.

ISBN: 978-85-276-1606-5

1. Novenas 2. Peregrino, Santo, 1265-1345 - Livros de
oração e devoções. I. Equipe Editorial Ave-Maria

16-1390                                         CDD 242.76

          Índices para catálogo sistemático:

                    1. Novenas.
```

Diretor-presidente: Luís Erlin Gomes Gordo, CMF
Diretor Administrativo: Rodrigo Godoi Fiorini, CMF
Gerente Editorial: Áliston Henrique Monte
Editor Assistente: Isaias Silva Pinto
Revisão: Ana Lúcia dos Santos
Diagramação: Ideia Impressa
Impressão e Acabamento: Gráfica Color System

A Editora Ave-Maria faz parte do Grupo de Editores Claretianos (Claret Publishing Group).
Bangalore • Barcelona • Buenos Aires • Chennai • Colombo • Dar es Salaam • Lagos • Macau • Madri • Manila • Owerri • São Paulo • Varsóvia • Yaoundé.

Sumário

Apresentação 9

Vida de São Peregrino 11

Orações a São Peregrino 15

    Oração a São Peregrino contra o câncer.................15

    Oração a São Peregrino pela cura do câncer.........15

    Oração a São Peregrino *(para um enfermo)*...........16

    Oração a São Peregrino *(pelo próprio enfermo)*..17

Tríduo a São Peregrino..19

    1º dia: Para Deus, nada é impossível 19

        Invocação ao Espírito Santo 19

        Leitura...19

        Momento de meditação 20

        Oração..21

        Pai-Nosso 21

        Glória ao Pai...21

    2º dia: Jesus nos livra de todos os sofrimentos....22

        Invocação ao Espírito Santo 22

        Leitura...22

        Momento de meditação 23

Oração	23
Pai-Nosso	24
Glória ao Pai	24
3º dia: O Senhor nos traz a saúde	25
Invocação ao Espírito Santo	25
Leitura	25
Momento de meditação	26
Oração	27
Pai-Nosso	27
Glória ao Pai	27
Celebração a São Peregrino	29
Hino	29
Leitura	30
Salmo	31
Evangelho	32
Oração dos fiéis	32
Oração	33
Bênção	33
Rosário de São Peregrino	35
Sinal da cruz	35
Oferecimento do Rosário	35

Oração preparatória	35
Creio	36
1ª contemplação	36
2ª contemplação	36
3ª contemplação	37
4ª contemplação	37
5ª contemplação	37
Jaculatória	37
Agradecimento a Maria	37
Salve-Rainha	38
Conclusão	38
Ladainha a São Peregrino	39
Novena a São Peregrino	41
Primeiro Dia	41
Oração	41
Segundo Dia	42
Oração	42
Terceiro Dia	42
Oração	43
Quarto Dia	43
Oração	44

Quinto Dia 45
    Oração 45
Sexto Dia 45
    Oração 46
Sétimo Dia 47
    Oração 47
Oitavo Dia 48
    Oração 48
Nono Dia... 48
    Oração 49

Igrejas dedicadas a São Peregrino no Brasil 51

Minhas orações 53

Apresentação

Embora a medicina tenha evoluído muito nos últimos tempos, quando algum de nós é diagnosticado com câncer, o chão parece faltar. Nada mais normal, tratando-se de uma doença que, até pouco tempo atrás, era considerada como atestado de óbito. Hoje, a maioria dos casos é tratável, com grandes índices de cura.

Todavia, qualquer doença nos tira do eixo. Perdemos nossa paz de espírito e ficamos muito fragilizados. Para nos fortalecer na fé em momentos como esse, a Editora Ave-Maria apresenta a todas as pessoas, que passam pela tormenta do câncer este devocionário.

A devoção a São Peregrino é, para o cristão, fonte de bênçãos e enriquecimento espiritual. Protetor contra o mal do câncer e autêntico intercessor junto ao Senhor em favor daqueles que sofrem vítimas dessa doença, que provoca, acima de tudo, fortes provações, São Peregrino é lembrado sempre por aqueles que vivenciam, seja na própria vida ou na de um parente ou amigo, essa enfermidade.

Este *Devocionário e Novena a São Peregrino* se apresenta a você como bálsamo para curar toda tristeza e sofrimento causados, quem sabe, pela dor de vivenciar a doença ou, simplesmente, de sofrer com ela junto a um irmão ou irmã que passa por esse momento difícil, mas, ao mesmo tempo engrandecedor, de luta e superação.

Por meio das breves orações que aqui propomos, queremos oferecer a você, leitor, a possibilidade de rezar por aqueles que sofrem e, principalmente, entrar em sintonia de oração com o Pai, pedindo pela saúde de todos os irmãos e pela própria saúde, a fim de que o Senhor, em sua divina misericórdia, possa livrá-lo sempre do terrível mal do câncer.

Pe. Luís Erlin, CMF

Vida de São Peregrino

Foi em 1265 que a cidade de Forli, na Itália, recebia Peregrino Laziosi. Nasceu em uma época conturbada, momento em que a maioria da população de Forli compartilhava de um sentimento anticlerical. A cidade vivia um clima tenso de rivalidade entre os partidários do papa, os guelfos; e os partidários do imperador, os gibelinos. Seguindo a tradição da família, Peregrino tornou-se um gibelino.

O ambiente era muito tenso, a ponto de o papa enviar a Forli um representante especial com a missão de tentar vencer a resistência local. O dito embaixador era Filipe Benício, hoje canonizado pela Igreja. No começo, não encontrou dificuldade, e o povo aderiu às suas pregações. No entanto, Peregrino surgiu com seu grupo de baderneiros e expulsaram Filipe do púlpito, chegando a atacá-lo no rosto com fúria e violência. O frade, docilmente, ofereceu-lhes a outra face e os perdoou, deixando Peregrino tão cheio de remorso, de modo que este foi até o frade para se desculpar.

Após o ocorrido, Peregrino não quis mais acompanhar os antigos amigos e passou a dedicar-se à oração e à piedade. Em uma ocasião, Nossa Senhora apareceu a ele e disse-lhe as seguintes palavras: "Tu te chamas Peregrino. E peregrino serás de nome e de fato. É preciso que tu vás à cidade de Siena. Ali, encontrarás os frades chamados Servos de Maria". Peregrino ouviu a voz da virgem e se pôs em marcha. Ao chegar a Siena, ingressou na congregação dos Servos de Maria, os *servitas*. Foi acolhido com amor e entusiasmo pelo superior, o mesmo Filipe Benício que antes havia sido vítima de sua perseguição.

Anos depois, o então Frei Peregrino retornou a Forli, tornando-se muito conhecido por levar uma vida austera e penitente, praticando incansavelmente a caridade. Realizava com frequência jejuns e penitências. Uma delas era permanecer sempre de pé, e, devido a isso, acumulou varizes e, posteriormente, o câncer em sua perna.

Suas chagas se tornaram tal dolorosas a ponto de os médicos decidirem amputar-lhe a perna, mas, na noite anterior à cirurgia, Peregrino rezou por horas em frente a Jesus crucificado a seguinte oração: "Ó redentor do gênero humano, quando estavas neste mundo, curaste pessoas de toda sorte de doenças. Purificaste o leproso, devolveste a vista ao cego. Digna-te, pois, Senhor meu Deus, a livrar a minha perna deste mal incurável. Se não o fizeres, será preciso amputá-la".

Tomado pelo sono, Peregrino teve uma visão de Jesus tocando-lhe a perna. Na manhã seguinte, percebeu que estava completamente curado. Graças a esse belíssimo milagre, hoje ele é considerado como o santo padroeiro dos pacientes de câncer.

São Peregrino morreu em 1345. Foi canonizado pelo papa Bento XIII em 1726, e sua festa é celebrada no dia 4 de maio. Seu corpo repousa na basílica dos Servos de Maria de Forli, onde continua sendo venerado. Em 1942, o Papa Pio XII declarou-o padroeiro principal da cidade de Forli.

Orações a São Peregrino

Oração a São Peregrino contra o câncer
(Oração a ser feita para evitar a doença)

Ó glorioso São Peregrino, que, obedecendo à voz da graça, renunciastes, generosamente, às vaidades do mundo para vos dedicar ao serviço de Deus, de Maria Santíssima e da salvação das almas, fazei que nós também, desprezando os falsos prazeres da terra, imitemos o vosso espírito de penitência e mortificação. São Peregrino, afastai de nós a terrível enfermidade, preservai-nos a todos nós desse mal, por vossa valiosa proteção. São Peregrino, livrai-nos do câncer do corpo e ajudai-nos a vencer o pecado, que é o câncer da alma. Amém.

Oração a São Peregrino pela cura do câncer
(Oração a ser feita para pedir a cura)

Ó São Peregrino, protetor dos que sofrem de câncer, intercedei por mim junto a Deus para que eu encontre consolo e remédio diante de tão grave enfermidade. Pelo vosso amor a Maria, peçais à Santíssima Virgem das Dores que interceda a Deus que essa doença passe pelo meu corpo sem deixar sequelas. Pelas vossas penitências, tornai valorosa a minha súplica a Jesus pela cura definitiva desse mal que consome o meu corpo. Mas que, diante a minha vontade, seja feita a Vontade de Deus. Que o meu sofrimento cure, em primeiro lugar, a minha alma e seja o fogo da expiação de todos os meus pecados. Que a minha cruz dolorosa seja instrumento para a glória de Deus e para a salvação das almas, especialmente da minha. Ó São Peregrino, guardai-me do desespero e da angústia, velai pela minha fortaleza e dai-me a perseverança de acreditar e confiar nos desígnios de Deus sem temer mal algum. Amém.

Oração a São Peregrino
(Oração a ser feita para um enfermo)

Ó São Peregrino, a quem chamamos *O Fazedor de Maravilhas*, pelos inúmeros milagres que obtém de Deus para todos os que recorrem a vós: vós, que por muitos anos padecestes uma cancerosa enfermidade que corroeu vossos tecidos, que tivestes alívio quando todos os recursos humanos perderam as esperanças; vós que fostes favorecido vindo Jesus para sarar vossa enfermidade, pede a Deus e à Santíssima Virgem a cura para esta pessoa a quem agora vos encomendo: *(dizer o nome da pessoa enferma)*. Aos cuidados de vossa poderosa intercessão, vos pedimos que nos ajudes a alcançar a bondade e a misericórdia de nosso Senhor Jesus Cristo. Amém.

Oração a São Peregrino
(Oração a ser feita pelo próprio enfermo)

São Peregrino, humilde servidor de Deus, vem em minha ajuda, sustenta-me em minha debilidade. A enfermidade invade meu corpo e faz a vida incerta; a tristeza envolve meu coração e me desespera. Por nossas súplicas, alcança-me uma fé viva e uma esperança firme, a fim de que a mão de Deus se estenda sobre mim, livre-me de todo o mal, sare meu corpo, e que se cumpra a sua vontade sobre mim. Que em sua ternura eu seja fortalecido em minhas angústias, para que eu possa viver e ser testemunho de sua presença em minha vida.

Tríduo a São Peregrino

1º dia: Para Deus, nada é impossível

Invocação ao Espírito Santo

Vinde, Espírito Santo, enchei os corações dos vossos fiéis e acendei neles o fogo do vosso amor. Enviai o vosso Espírito e tudo será criado, e renovareis a face da terra.

Oremos: Ó Deus, que instruístes os corações dos vossos fiéis com a luz do Espírito Santo, fazei que apreciemos retamente todas as coisas, segundo o mesmo Espírito, e gozemos sempre da sua consolação. Por Cristo, nosso Senhor. Amém.

Leitura

(Mateus 19,16-26)
Um jovem aproximou-se de Jesus e lhe perguntou: Mestre, que devo fazer de bom para ter a vida eterna? Disse-lhe Jesus: Por que me perguntas a respeito do que se deve fazer de bom? Só Deus é bom. Se queres entrar na vida, observa os mandamentos. Quais?,

perguntou ele. Jesus respondeu: Não matarás, não cometerás adultério, não furtarás, não dirás falso testemunho, honra teu pai e tua mãe, amarás teu próximo como a ti mesmo. Disse-lhe o jovem: Tenho observado tudo isto desde a minha infância. Que me falta ainda? Respondeu Jesus: Se queres ser perfeito, vai, vende teus bens, dá-os aos pobres e terás um tesouro no céu. Depois, vem e segue-me! Ouvindo estas palavras, o jovem foi embora muito triste, porque possuía muitos bens. Jesus disse então aos seus discípulos: Em verdade vos declaro: é difícil para um rico entrar no Reino dos céus! Eu vos repito: é mais fácil um camelo passar pelo fundo de uma agulha do que um rico entrar no Reino de Deus. A estas palavras seus discípulos, pasmados, perguntaram: Quem poderá então salvar-se? Jesus olhou para eles e disse: Aos homens isto é impossível, mas a Deus tudo é possível.

Momento de meditação

(Recomenda-se que se faça, durante alguns minutos, uma breve reflexão. Caso o tríduo esteja sendo realizado individualmente, em silêncio; sendo realizado em grupo, pode-se discutir os pontos importantes da leitura bíblica, concluindo com uma oração).

Oração

(A oração pode ser adaptada conforme a necessidade do fiel)

Ó redentor do gênero humano, quando estavas neste mundo, curaste pessoas de toda sorte de doenças; purificaste o leproso, devolveste a vista ao cego. Digna-te, pois, Senhor, meu Deus, a livrar a minha perna *(ou outra parte do corpo)* desse mal incurável. Se não o fizeres, será preciso amputá-la *(ou operá-la)*.

Pai-Nosso

Pai nosso, que estais nos céus, santificado seja o vosso nome, venha a nós o vosso reino, seja feita a vossa vontade assim na terra como no céu. O pão nosso de cada dia nos dai hoje, perdoai-nos as nossas ofensas assim como nós perdoamos a quem nos tem ofendido, e não nos deixeis cair em tentação, mas livrai-nos do mal.

Glória ao Pai

Glória ao Pai e ao Filho e ao Espírito Santo, como era no princípio, agora e sempre. Amém.

2º dia: Jesus nos livra de todos os sofrimentos

Invocação ao Espírito Santo

Vinde, Espírito Santo, enchei os corações dos vossos fiéis e acendei neles o fogo do vosso amor. Enviai o vosso Espírito e tudo será criado, e renovareis a face da terra.

Oremos: Ó Deus, que instruístes os corações dos vossos fiéis com a luz do Espírito Santo, fazei que apreciemos retamente todas as coisas, segundo o mesmo Espírito, e gozemos sempre da sua consolação. Por Cristo, nosso Senhor. Amém.

Leitura

(Isaías 53,1-5)
Quem poderia acreditar nisso que ouvimos? A quem foi revelado o braço do Senhor? Cresceu diante dele como um pobre rebento enraizado numa terra árida; não tinha graça nem beleza para atrair nossos olhares, e seu aspecto não podia seduzir-nos. Era desprezado, era a escória da humanidade, homem das dores, experimentado nos sofrimentos; como aqueles, diante dos quais se cobre o rosto, era

amaldiçoado e não fazíamos caso dele. Em verdade, ele tomou sobre si nossas enfermidades, e carregou os nossos sofrimentos: e nós o reputávamos como um castigado, ferido por Deus e humilhado. Mas ele foi castigado por nossos crimes, e esmagado por nossas iniquidades; o castigo que nos salva pesou sobre ele; fomos curados graças às suas chagas.

Momento de meditação

(Recomenda-se que se faça, durante alguns minutos, uma breve reflexão. Caso o tríduo esteja sendo realizado individualmente, em silêncio; sendo realizado em grupo, pode-se discutir os pontos importantes da leitura bíblica, concluindo com uma oração).

Oração
(A oração pode ser adaptada conforme a necessidade do fiel)

Ó redentor do gênero humano, quando estavas neste mundo, curastes pessoas de toda sorte de doenças; purificaste o leproso, devolveste a vista ao cego. Digna-te, pois, Senhor, meu Deus, a livrar a minha perna *(ou outra parte do corpo)* desse mal incurável. Se não o fizeres, será preciso amputá-la *(ou operá-la)*.

Pai Nosso

Pai nosso, que estais nos céus, santificado seja o vosso nome, venha a nós o vosso reino, seja feita a vossa vontade assim na terra como no céu. O pão nosso de cada dia nos dai hoje, perdoai-nos as nossas ofensas assim como nós perdoamos a quem nos tem ofendido, e não nos deixeis cair em tentação, mas livrai-nos do mal.

Glória ao Pai

Glória ao Pai e ao Filho e ao Espírito Santo, como era no princípio, agora e sempre. Amém.

3º dia: O Senhor nos traz a saúde

Invocação ao Espírito Santo

Vinde, Espírito Santo, enchei os corações dos vossos fiéis e acendei neles o fogo do vosso amor. Enviai o vosso Espírito e tudo será criado, e renovareis a face da terra.

Oremos: Ó Deus, que instruístes os corações dos vossos fiéis com a luz do Espírito Santo, fazei que apreciemos retamente todas as coisas, segundo o mesmo Espírito, e gozemos sempre da sua consolação. Por Cristo, nosso Senhor. Amém.

Leitura

(Jeremias 33,1-9)
Pela segunda vez, enquanto Jeremias ainda estava detido no átrio da prisão, foi-lhe dirigida a palavra do Senhor nestes termos: Eis o que diz o Senhor que criou a terra, que a modelou e consolidou e cujo nome é Javé: invoca-me, e te responderei, revelando--te grandes coisas misteriosas que ignoras. Portanto, eis o que diz o Senhor, Deus de Israel, a propósito das casas da cidade e dos palácios dos reis de Judá

que foram demolidos para dar lugar às fortificações e às armas dos caldeus, vindos para combater, e para enchê-las de cadáveres dos homens que firo em minha cólera, e por cuja malícia desviei minha face dessa cidade. Vou pensar-lhes as feridas e curá-las, e proporcionar-lhes abundância de felicidade e segurança. Transformarei a sorte de Judá e de Israel, e fá-los-ei voltar ao que eram outrora. Purificá-los-ei de todos os pecados que contra mim cometeram, e lhes perdoarei todas as iniquidades de que se tornaram culpados, revoltando-se contra mim. Será para mim motivo de alegria, felicidade e glória diante de todas as nações da terra, o saberem todo o bem com que agraciei meu povo. Ficarão tomadas de receio e temor por causa desse bem e da prosperidade de que vou cumulá-lo.

Momento de meditação

(Recomenda-se que se faça, durante alguns minutos, uma breve reflexão. Caso o tríduo esteja sendo realizado individualmente, em silêncio; sendo realizado em grupo, pode-se discutir os pontos importantes da leitura bíblica, concluindo com uma oração).

Oração

(A oração pode ser adaptada conforme a necessidade do fiel)

Ó redentor do gênero humano, quando estavas neste mundo, curaste pessoas de toda sorte de doenças; purificaste o leproso, devolveste a vista ao cego. Digna-te, pois, Senhor, meu Deus, a livrar a minha perna *(ou outra parte do corpo)* deste mal incurável. Se não o fizeres, será preciso amputá-la *(ou operá-la)*.

Pai-Nosso

Pai nosso, que estais nos céus, santificado seja o vosso nome, venha a nós o vosso reino, seja feita a vossa vontade assim na terra como no céu. O pão nosso de cada dia nos dai hoje, perdoai-nos as nossas ofensas assim como nós perdoamos a quem nos tem ofendido, e não nos deixeis cair em tentação, mas livrai-nos do mal.

Glória ao Pai

Glória ao Pai e ao Filho e ao Espírito Santo, como era no princípio, agora e sempre. Amém.

Celebração a São Peregrino

Hino
(cantado ou rezado)

Ó Peregrino, irmão nosso e amigo,
quanta lembrança à memória nos
traz tua santa vida e teu testemunho:
e assim desfazes a nossa tristeza.

Mais do que a outros os servos te invocam,
pois tu conheces dos jovens o ardor,
da multidão inflamada o delírio,
o que é, de fato, violência e injustiça.

Até contra santos a mão levantaste,
antes de seres tu santo também:
assim, compreendes, dos dias de hoje,
o drama atroz, sem sentido, das guerras,

destas inúteis matanças e mortes:
falsa é talvez essa voz que provém
da sarça ardente, uma voz solitária,
única voz que liberta e que salva?

Não foi em vão que Filipe, na praça
da humilde serva, entoou o poema:
nova esperança nasceu para os pobres
e nas fileiras dos Servos brotou.

Com nossos santos, amigos fiéis,
teu mesmo canto, ó Mãe, nós cantamos:
um canto novo de graça e louvor
por toda a Igreja ao Pai elevamos.

Leitura

(2 Coríntios 5,1-3)

Sabemos, com efeito, que ao se desfazer a tenda que habitamos neste mundo, recebemos uma casa preparada por Deus e não por mãos humanas, uma habitação eterna no céu. E por isto suspiramos e anelamos ser sobrevestidos da nossa habitação celeste, contanto que sejamos achados vestidos e não despidos.

– Palavra do Senhor.
– Graças a Deus.

Salmo

(Salmo 30,2-7)
Refrão: Em vossas mãos, Senhor,
entrego meu espírito

Junto de vós, Senhor, me refugio.
Não seja eu confundido para sempre;
por vossa justiça, livrai-me!

Inclinai para mim vossos ouvidos,
apressai-vos em me libertar.
Sede para mim uma rocha de refúgio,
uma fortaleza bem armada para me salvar.

Pois só vós sois minha rocha e fortaleza:
haveis de me guiar e dirigir, por amor de vosso nome.
Vós me livrareis das ciladas que me armaram,
porque sois minha defesa.

Em vossas mãos entrego meu espírito;
livrai-me, ó Senhor, Deus fiel.
Detestais os que adoram ídolos vãos.
Eu, porém, confio no Senhor.

Evangelho

(Lucas 14,1-6)

Jesus entrou num sábado em casa de um fariseu notável, para uma refeição; eles o observavam. Havia ali um homem hidrópico. Jesus dirigiu-se aos doutores da lei e aos fariseus: É permitido ou não fazer curas no dia de sábado? Eles nada disseram. Então Jesus, tomando o homem pela mão, curou-o e despediu-o. Depois, dirigindo-se a eles, disse: Qual de vós que, se lhe cair o jumento ou o boi num poço, não o tira imediatamente, mesmo em dia de sábado? A isto nada lhe podiam replicar.

– Palavra da Salvação.

– Glória a vós, Senhor.

Oração dos fiéis

1. São Peregrino, fiel servo do Senhor.
Todos: Intercedei por todos aqueles que sofrem vítimas da doença do câncer.

2. São Peregrino, fiel servo do Senhor.
Todos: Inspirai com fé e predestinação os que auxiliam os acometidos pela doença.

3. São Peregrino, fiel servo do Senhor.
Todos: Protegei todas as pessoas para que sejam livradas do mal do câncer.

Oração

Ó Deus, que em São Peregrino nos dais um eminente exemplo de penitência e de paciência, concedei-nos que, a seu exemplo e com sua ajuda, possamos suportar com coragem as provações desta vida, caminhando alegremente rumo ao reino dos céus. Amém.

Bênção

A nossa proteção está no nome do Senhor,

– que fez o céu e a terra.

Senhor, ouvi a nossa oração!

– E chegue até vós nosso clamor.

O Senhor esteja conosco!

– Ele está no meio de nós!

Pela intercessão de São Peregrino, a bênção de Deus todo-poderoso, Pai, Filho e Espírito Santo, desça sobre nós e permaneça para sempre. Amém.

Rosário de São Peregrino

Sinal da cruz
Em nome do Pai, e do Filho e do Espírito Santo. Amém.

Oferecimento do Rosário
Divino Jesus, nós vos oferecemos este Rosário que vamos rezar em honra a São Peregrino. Concedei-nos, por intercessão da Virgem Maria, Mãe de Deus e nossa Mãe, as virtudes que nos são necessárias para bem rezá-lo e a graça de ganharmos as indulgências desta santa devoção.

Oração preparatória
Vinde, Espírito Santo, enchei os corações dos vossos fiéis e acendei neles o fogo do vosso amor. Enviai o vosso Espírito e tudo será criado, e renovareis a face da terra.

Oremos: Ó Deus, que instruístes os corações dos vossos fiéis com a luz do Espírito Santo, fazei que apreciemos retamente todas as coisas, segundo o mesmo Espírito, e gozemos sempre da sua consolação. Por Cristo Senhor Nosso. Amém.

Creio

Ceio em Deus Pai todo-poderoso, criador do céu e da terra; e em Jesus Cristo, seu único Filho, nosso Senhor, que foi concebido pelo poder do Espírito Santo, nasceu da Virgem Maria; padeceu sob Pôncio Pilatos, foi crucificado, morto e sepultado. Desceu à mansão dos mortos, ressuscitou ao terceiro dia; subiu aos céus, está sentado à direita de Deus Pai todo-poderoso, donde há de vir a julgar os vivos e os mortos. Creio no Espírito Santo, na Santa Igreja Católica, na comunhão dos Santos, na remissão dos pecados, na ressurreição da carne, na vida eterna. Amém.

1ª contemplação

São Peregrino, devoto do Cristo Crucificado
1 Pai-Nosso, 3 Ave-Marias, 1 Glória ao Pai

2ª contemplação

São Peregrino, devoto de Maria, Mãe de Deus
1 Pai-Nosso, 3 Ave-Marias, 1 Glória ao Pai

3ª contemplação

São Peregrino, intercessor dos doentes de câncer
1 Pai-Nosso, 3 Ave-Marias, 1 Glória ao Pai.

4ª contemplação

São Peregrino, modelo de caridade
1 Pai-Nosso, 3 Ave-Marias, 1 Glória ao Pai.

5ª contemplação

São Peregrino, defensor da fé católica
1 Pai-Nosso, 3 Ave-Marias, 1 Glória ao Pai.

Jaculatória

Ó, meu Jesus, perdoai-nos, livrai-nos do fogo do inferno. Levai as almas todas para o céu e socorrei principalmente as que mais precisarem.

Agradecimento a Maria

Infinitas graças vos damos, Soberana Rainha, pelos benefícios que todos os dias recebemos de vossas mãos liberais. Dignai-vos, agora e para sempre, tomar-nos debaixo de vosso poderoso amparo, e para mais vos suplicar vos saudamos com uma Salve Rainha...

Salve Rainha
Salve, Rainha, Mãe de misericórdia, vida, doçura e esperança nossa, salve! A vós bradamos os degredados filhos de Eva. A vós suspiramos, gemendo e chorando neste vale de lágrimas. Eia, pois, advogada nossa, esses vossos olhos misericordiosos a nós volvei, e, depois deste desterro, mostrai-nos Jesus, bendito fruto do vosso ventre. Ó clemente, ó piedosa, ó doce e sempre Virgem Maria.

Conclusão
— Rogai por nós, Santa Mãe de Deus, para que sejamos dignos das promessas de Cristo.
— São Peregrino, rogai por nós.

Ladainha a São Peregrino

Senhor, tende piedade de nós!
Cristo, tende piedade de nós!
Senhor, tende piedade de nós!

Cristo, ouvi-nos!
Cristo, escutai-nos!

Deus Pai Celestial, tende piedade de nós!
Deus Filho Redentor do Mundo, tende piedade de nós!
Mãe das Dores, rogai por nós!
Saúde dos enfermos, rogai por nós!
Auxílio dos cristãos, rogai por nós!
São Peregrino, rogai por nós!
Convertido nas orações de São Filipe, rogai por nós!
Aflito pela enfermidade do câncer, rogai por nós!
Curado pela mão desprendida de Jesus crucificado, rogai por nós!
Vós que convertestes aos pecadores mais endurecidos com a oração e a ajuda, rogai por nós!

Vós que recebestes os favores que pedistes a Deus, rogai por nós!
Vós que colocastes toda tua confiança na oração, rogai por nós!
Vós que fostes muito austero na penitência, rogai por nós!
Paciente nos sofrimentos, rogai por nós!
O mais humilde no sacerdócio, rogai por nós!
O mais bondoso dos aflitos, rogai por nós!
O mais devoto da Paixão de Cristo e das dores de Maria, rogai por nós!
Vítima com Jesus e Maria pela salvação das almas, rogai por nós!
Fazedor de milagres aos enfermos, rogai por nós!
Esperança nos casos de enfermos incuráveis, rogai por nós!
Patrono universal dos enfermos de câncer e dos que padecem chagas incuráveis, rogai por nós!

Glória da Ordem dos Servos de Maria, rogai por nós!
Cordeiro de Deus, que tirais o pecado do mundo, tende piedade de nós! (3 vezes)

Rogai por nós, ó glorioso São Peregrino,
para que alcancemos as promessas de Nosso Senhor, Jesus Cristo. Amém.

Novena a São Peregrino

Primeiro Dia

Ó glorioso São Peregrino, perfeito modelo de virtude, vós que tão prontamente respondestes ao divino chamado, deixando honras, comodidades e riquezas deste mundo, quando prostrado ante uma imagem de Maria Santíssima, na Catedral de Forli, imploravas sua poderosa intercessão e fostes chamado por ela para que fosses seu servo, permita, suplico-vos, que eu corresponda prontamente a todas as aspirações divinas; que, desprendido de todos os bens e prazeres deste mundo, esteja sempre pronto a cumprir sua divina vontade. Amém.

Oração

Ó redentor do gênero humano, quando estavas neste mundo, curaste pessoas de toda sorte de doenças. Purificaste o leproso, devolveste a vista ao cego. Digna-te, pois, Senhor, meu Deus, a livrar-nos do mal do câncer.

(1 Pai-Nosso, 3 Ave-Marias, 1 Glória ao Pai)

Segundo Dia

Ó venturoso São Peregrino, que por vossa prontidão e fervor em responder ao divino chamado merecestes receber um anjo como guia em vosso caminho a Siena, quando ias pedir para ser admitido entre os Servos de Maria; permita, suplico-vos que eu seja assistido por meu bom anjo em todos os meus trabalhos e seja iluminado, guiado e dirigido por ele em meu caminho à vida eterna. Amém.

Oração

Ó redentor do gênero humano, quando estavas neste mundo, curaste pessoas de toda sorte de doenças. Purificaste o leproso, devolveste a vista ao cego. Digna-te, pois, Senhor, meu Deus, a livrar-nos do mal do câncer.

(1 Pai-Nosso, 3 Ave-Marias, 1 Glória ao Pai)

Terceiro Dia

Aceito pelo céu, ó glorioso São Peregrino, foi o sacrifício que fizestes de vossa alma e corpo a Deus, abraçando a pobreza evangélica na vida religiosa, renunciando à vossa própria vontade e aos prazeres do mundo. Deus se dignou demonstrar-vos o quão aceita havia sido esta renúncia vossa quando, recebendo a sagrada insígnia de servo de Maria, milagrosamente se viu sobre vossa cabeça uma bola de fogo, emblema de eminente santidade com que brilhais na Igreja de Jesus Cristo. Permita-me, ó, grande santo, participar desse santo fogo, que consuma em mim todo afeto terreno, para que eu possa desejar e buscar só o amor de meu Deus. Amém.

Oração

Ó redentor do gênero humano, quando estavas neste mundo, curaste pessoas de toda sorte de doenças. Purificaste o leproso, devolveste a vista ao cego. Digna-te, pois, Senhor meu Deus, a livrar-nos do mal do câncer.

(1 Pai-Nosso, 3 Ave-Marias, 1 Glória ao Pai)

Quarto Dia
Ó São Peregrino, fiel servo de Maria, quão generosamente perseveraste no verdadeiro caminho da virtude e da santidade. Constante

na oração, rígido no jejum e abstinência, austero para dominar seu corpo, fostes para vossos irmãos exemplo vivente de penitência. Arrependido uma vez por todas dos pecados de sua juventude, odiastes o pecado, merecendo viver sempre puro até o fim de vossos dias na terra. Possa eu imitar-vos, ó glorioso santo! E, sinceramente arrependido de meus graves pecados, peço, por vossa intercessão, de meu Deus misericórdia e perdão, e a graça de não perecer ao império de minhas baixas paixões; que, constante em minhas resoluções, sirva sempre ao meu Deus para continuar fiel até a morte e merecer a coroa da vida eterna. Amém.

Oração

Ó redentor do gênero humano, quando estavas neste mundo, curaste pessoas de toda sorte de doenças. Purificaste o leproso, devolveste a vista ao cego. Digna-te, pois, Senhor, meu Deus, a livrar-nos do mal do câncer.

(1 Pai-Nosso, 3 Ave-Marias, 1 Glória ao Pai)

Quinto Dia

Humilde São Peregrino, grande em verdade foram vossos méritos cumprindo rigorosamente os mais servis deveres para com vossos irmãos. Não haveríeis chegado à dignidade sacerdotal se não houvesse tido de cumprir, pelos votos de obediência, a ordem de vossos superiores. Alcança-me, suplico-vos, verdadeira humildade de coração para que livre das honras e prazeres do mundo, minha vida possa esconder-se com Cristo em Deus e seja, assim, digno de sua graça e glória no Céu. Amém.

Oração

Ó redentor do gênero humano, quando estavas neste mundo, curaste pessoas de toda sorte de doenças. Purificaste o leproso, devolveste a vista ao cego. Digna-te, pois, Senhor, meu Deus, a livrar-nos do mal do câncer.

(1 Pai-Nosso, 3 Ave-Marias, 1 Glória ao Pai)

Sexto Dia

Ó, São Peregrino, cuja paciência foi tão admirável que sofrestes, sem murmurar jamais, as contradições e insultos dos homens, e, não contente com vossos rigorosas penitências, pedias ao Senhor maiores sofrimentos, que suportavas em silêncio a aguda dor de uma úlcera incurável, dada por Deus como resposta às vossas muitas orações e pedidos por sofrimentos. Tanto amorosamente nosso Criador recompensou sua fé e largos sofrimentos, quanto em milagre, como jamais se havia ouvido, curou-o dessa cruel úlcera tocando-a com sua divina mão! Concedei-me, suplico-vos, que eu também pratique a paciência e mortifique meus sentidos como expiação por meus pecados, e, assim, possa participar daqueles consolos que vos já gozais no paraíso eterno. Amém.

Oração

Ó redentor do gênero humano, quando estavas neste mundo, curaste pessoas de toda sorte de doenças. Purificaste o leproso, devolveste a vista ao cego. Digna-te, pois, Senhor, meu Deus, a livrar-nos do mal do câncer.

(1 Pai-Nosso, 3 Ave-Marias, 1 Glória ao Pai)

Sétimo Dia

Ó bendito apóstolo São Peregrino, cheio de zelo pela conversão dos pecadores e incansável pregador da Palavra Divina, vós que levastes tantas almas ao caminho da penitência, promovendo a glória e honra de Deus em todo o mundo e, quem o Senhor se dignou confirmar com estupendos milagres; permita, suplico-vos, que, não contente em trabalhar para minha própria salvação, possa, também, fazê-lo para a santificação de outras almas por meio do bom exemplo, constante oração, bons conselhos e apostolado incansável. Que feliz seria se eu pudesse estender a glória de Deus na terra e, assim, ter minha parte convosco e todos os santos na eterna glória. Amém.

Oração

Ó redentor do gênero humano, quando estavas neste mundo, curaste pessoas de toda sorte de doenças. Purificaste o leproso, devolveste a vista ao cego. Digna-te, pois, Senhor, meu Deus, a livrar-nos do mal do câncer.

(1 Pai-Nosso, 3 Ave-Marias, 1 Glória ao Pai)

Oitavo Dia

Ó Deus, que destes a São Peregrino um anjo por companheiro, Maria Santíssima por mestra e Jesus por médico de sua terrível enfermidade, concedei-nos, pedimo-vos, pelos méritos de São Peregrino, que amemos ardentemente aqui na terra a nosso anjo custódio, a nossa Mãe Imaculada e a nosso Divino Salvador para, no céu, bendizer-vos por toda a eternidade. Suplicamo-vos pelos méritos de Jesus Cristo, Senhor nosso. Amém.

Oração

Ó redentor do gênero humano, quando estavas neste mundo, curaste pessoas de toda sorte de doenças. Purificaste o leproso, devolveste a vista ao cego. Digna-te, pois, Senhor, meu Deus, a livrar-nos do mal do câncer.

(1 Pai-Nosso, 3 Ave-Marias, 1 Glória ao Pai)

Nono Dia

Ó Deus Todo-poderoso, benigno escutai as preces que vos elevamos em honra de São Peregrino, vosso amante servo e patrono dos que padecem de câncer, para que nós, que não podemos confiar em nossos próprios méritos, possamos receber seu misericordioso auxílio em nossas necessidades pela intercessão de seu servo, cuja vida foi entregue à vós. Pedimos-vos esta graça, por Jesus Cristo Nosso Senhor. Amém.

Oração

Ó redentor do gênero humano, quando estavas neste mundo, curaste pessoas de toda sorte de doenças. Purificaste o leproso, devolveste a vista ao cego. Digna-te, pois, Senhor, meu Deus, a livrar-nos do mal do câncer.

(1 Pai-Nosso, 3 Ave-Marias, 1 Glória ao Pai)

Igrejas dedicadas a São Peregrino no Brasil

Paróquia São Pelegrino e N. S. da Pietá
Av. Itália, 54
São Pelegrino
Caxias do Sul (RS)

Paróquia São Peregrino
Estr. da Floresta, 103
Floresta
Rio Branco (AC)

Paróquia N. S. das Dores e São Peregrino
Rua Tabor, 283
Ipiranga
São Paulo (SP)

Minhas orações

(Escreva no espaço abaixo as suas orações pessoais e comunitárias)

....

....

....

....

....

....

....

....

....

....

....

....

....

....

....

Informações sobre a Editora Ave-Maria

Para conhecer outros autores e títulos da
Editora Ave-Maria, visite nosso site em:
www.avemaria.com.br
e siga nossas redes sociais:
facebook.com/EditoraAveMaria
instagram.com/editoraavemaria
x.com/editoravemaria
youtube.com/EditoraAveMaria